알록달록 첫 세계사 13

세상을 바꾼
기술의 발전

산업 혁명

박선희 · 이성호 글

송효정 그림

상상정원

섬나라 영국은 1년 내내
흐리거나 비 내리는 날이 많아.
여름에는 서늘하고 겨울에도 많이 춥지 않지.
풀이 잘 자라고 소나 양을 기르기에도 적당해.
옛날부터 양털로 만든 실로 옷을 짜 입었어.

영국이 인도 땅을 차지한 후
인도에서 질 좋은 면직물이 들어왔어.
면으로 만든 옷은 양털로 짠 옷보다
훨씬 가볍고 빨래하기도 좋았지.
면직물은 날개 돋힌 듯 팔려 나갔어.

면직물을 직접 만들어 팔면
큰돈을 벌 수 있을 텐데.
하지만 물레를 돌려 목화에서 실을 뽑고
베틀에 앉아 한 줄 한 줄 옷감을 짜는 건
너무 힘들고 오래 걸리잖아.
이 일을 할 수 있는 기계가 필요해.

지금까지 물건은 장인이 만들었어.
구두 장인이 구두 하나를 만들려면
우선 발 모양에 맞게 가죽을 자른 다음
바느질을 하고 신발 모양을 다듬어야 해.
밑창을 달고 끈을 넣는 구멍을 내지.
오랫동안 기술을 배워야 했고
만드는 데 시간도 많이 걸렸어.

좀 더 빠르게 물건을 만들 수는 없을까?
가죽을 자르는 사람, 바느질을 하는 사람,
밑창을 다는 사람, 구멍을 내는 사람을 정해서
각각 맡은 일만 하게 하자.

이렇게 일하는 방식을 **분업**이라고 해.
일의 단계를 나누고 각각 한 가지 일만 맡겨서
그 일만 계속 하게 하는 거야.
분업으로 물건을 많이 만들 수 있게 되었어.

그러나 사람의 손은 한계가 있었지.
더 많은 일을 더 빨리 할 수 있는 기계를 만들려고
많은 사람이 머리를 모았어.
실을 뽑는 기계, 천을 짜는 기계가
잇달아 만들어졌지.

기계를 움직이려면 힘이 필요해.
지금까지는 사람이나 가축
물이나 바람의 힘으로 기계를 움직였어.
커다란 기계, 많은 기계를 돌릴 수는 없었지.

사람들은 물이 끓을 때 나오는 증기의 힘으로
기계를 돌릴 수 있다고 생각했어.
여러 사람이 실패를 거듭한 끝에
와트가 쓸 만한 **증기 기관**을 만들어 냈어.

증기 기관을 단 기계는
전보다 큰 힘으로 움직였어.
나무로 만든 기계는 버텨 내지 못하고
금방 망가져 버렸지.
튼튼한 기계를 만들려면
쇠로 만들어야 했어.

연기를 내뿜으며 움직이는

거대한 쇳덩이 기계들이

산업 혁명을 이끌게 된 거야.

인도에서 목화를 실어 오고
면직물을 전 세계에 내다 팔려면
더 크고 빨리 가는 배가 필요하겠지?
증기 기관으로 움직이는 배가
바다를 누비게 되었어.

항구에 들어온 목화를 공장으로 옮기거나
공장에서 만든 면직물을 항구까지 가져가려면
더 크고 힘이 좋은 수레도 있어야 해.
증기 기관차가 끄는 열차들이
철도 위를 달리게 되었어.

물건을 언제 보냈는지, 언제쯤 도착하는지
먼 곳에 있는 사람에게 알려야겠지?
전선을 통해 약속된 전기 신호를 보내서
연락을 주고받는 '전신'이 개발되었어.
나중에는 대서양 바다 밑에 전신선을 깔아서
유럽과 아메리카가 직접 연락을 주고받을 수 있었지.
목소리를 들을 수 있는 '전화'도 발명되었어.

이런 변화를 이끌어 간 것은
도시에 사는 시민들이었어.
시민들은 스스로를 자랑스럽게 생각했어.
귀족들에게 주눅 들지 않고 농민들도 하찮게 여겼지.
그리고 더 많은 돈을 벌기 위해 노력했어.

더 많은 돈을 벌기 위해
가진 돈을 들여서 공장을 짓고
노동자들을 부려서 물건을 만드는 사람들을
자본가라고 해.
산업 혁명을 거치면서 시민들 중에
자본가가 많이 나타났어.
자본주의 사회가 만들어진 거야.

이제 더 많은 이익을 얻기 위해 경쟁하는 것은
자연스러울 뿐 아니라 좋은 일로 여겨졌어.
자신의 이익을 위해 노력하다 보면
사회 전체의 이익도 커진다고 생각했거든.

영국에서 산업 혁명이 시작되던 때
프랑스에서는 혁명이 일어나고
나폴레옹 전쟁으로 이어졌어.
혁명과 전쟁을 거치면서 유럽 나라들은
모두 자기 나라의 힘을 키우려고 했어.
공업 발달에 온 힘을 쏟은 거야.

특히 프랑스와 독일은
정부가 나서서 철도를 깔고 공장을 지었어.
공업이 발달하려면 질 좋은 철과 철도가 필요한데
제철 공장을 짓거나 철도를 놓는 데는 큰돈이 들었거든.
자본가가 돈을 대기에 버거운 일을
나라가 직접 해 버린 거야.

이 덕분에 프랑스와 독일은
빠르게 영국을 따라잡을 수 있었어.
미국에서도 놀라운 속도로 공업이 발달했고
러시아는 뒤늦게 공업화를 서둘렀지.

산업 혁명은 면직물 공업에서 시작했어.
기계를 만들고 돌리려다 보니
광업, 제철, 기계 공업의 발전으로 이어졌지.
날이 갈수록 새로운 과학 발명이 이루어졌고
그것은 다시 더 다양한 공업 발달로 이어졌어.

발전기를 통해 전기를 만들 수 있게 되면서
증기 기관 대신 전기가 기계를 돌리게 되었어.
전구를 만든 에디슨은 전기 회사도 세웠고
노벨은 다이너마이트를 발명해 큰돈을 벌었지.
석유, 화학 공업이 발달하면서
자연에 없는 새로운 물질이 만들어졌어.

날마다 새로운 기술이 개발되고
공장에서 상품이 쏟아져 나왔어.
앞으로 세상은 계속 발전하고
점점 더 풍요로워질 거라고
생각하는 사람이 많아졌지.

자본가와 정치가들은
공업 발달이 곧 나라의 발전이라 생각했고
이를 드러내 자랑하고 싶었어.
영국은 런던 한복판에 커다란 유리 건물을 지어
세상의 모든 새로운 물건들을 전시할 계획을 세웠지.
1851년, '세계 박람회'를 연 거야.
이 놀라운 구경거리를 보기 위해
수많은 사람이 런던으로 몰려들었대.

이후 유럽과 미국에서도 박람회가 열렸어.
독일은 가장 무거운 쇳덩이와
가장 큰 대포를 내놓기도 했어.
프랑스도 혁명 100주년을 기념해
영국보다 더 멋진 박람회를 열고 싶어 했어.
공업을 상징하는 강철로 100미터가 넘는 탑을 세워
파리를 찾는 모든 사람이 우러러보게 했지.
에펠탑을 세운 거야.

거대한 공장이 들어서면서
일자리를 찾아 많은 노동자가 몰려들었어.
공업 도시가 생겨난 거야.
도시의 한가운데에는 기차역이 있었어.
시간에 맞춰서 기차가 오가며
사람과 물건을 실어 날랐지.

길에는 마차와 자동차, 자전거가 다녔고
거리마다 가게가 줄지어 있었어.
공장에서 나온 새로운 상품들을
가득 모아 놓고 파는 백화점도 생겼지.
신사, 숙녀들이 한껏 멋을 내며 거리를 누비고
경찰들은 거지나 소매치기를 잡아갔어.
사람들이 많아지면서 쓰레기도 많아지고
공장 연기 때문에 공기가 나빠지기도 했지만
도시는 점점 더 커져 갔어.

여섯 살 때부터
옷감을 만드는 공장에서 일했어요.
공장이 바쁠 때는
새벽 5시에 공장에 가서
저녁 9시까지 일하기도 해요.

하루 종일 기계 앞에서 일해요.
아침 먹을 때 15분, 점심시간에 30분
차를 마시면서 15분 정도 쉴 수 있죠.
기계 사이를 뛰어다니며 실을 걸고
기계 안에 손을 넣어 가며 일하다 보면
다치는 경우가 많아요.
하지만 아파도 쉴 수 없어요.
보상을 받는 건 꿈도 못 꾸죠.

공장 안은 어둡고 창문도 없어요.
먼지가 많아서 기침이 많이 나요.
공장에서 오래 일한 언니들은
기침할 때 피가 나오기도 해요.

일을 제대로 못 한다고
감독이 채찍으로 때리기도 해요.
억울하지만 말할 수 없어요.
일자리를 잃게 되거든요.

농사지을 땅이 없어 농촌에서 밀려난 사람들은
도시로 몰려와 공장 노동자가 되었어.
노동자의 임금은 너무나 적어서
하루에 14시간 일을 해도
빵조차 배부르게 먹기 어려웠지.
엄마나 아이들까지 공장에 나가 일을 해야 했대.

공장에서는 아이들을 쓰려고 했어.
술도 안 먹고 말도 잘 듣는데다
임금은 어른의 반값도 안 되었거든.
기계 안에 쌓인 먼지 뭉치를 꺼내려면
손이 작은 아이들이 꼭 필요했어.
광산의 좁은 갱도 안을 다닐 수 있는 것도
몸집이 작은 아이들뿐이었지.
많은 아이들이 적은 돈을 받고
위험한 곳에서 오랜 시간 일을 했어.
그러다 다쳐서 몸이 망가지는 경우도 많았어.

노동자들이 사는 곳에는 집도 부족해서
좁은 집에 온 가족이 함께 살았어.
물을 구하기도 어려웠고, 제대로 된 화장실도 없었대.
공장 굴뚝에서는 시커먼 연기가 나오고
공장에서 쓴 물은 그대로 강에 흘러들어 갔지.
공기와 물, 땅이 모두 더러워진 거야.

평생 기술을 배웠는데 이제 쓸모가 없다고?
우리가 일자리를 잃은 건 다 기계 때문이야.
기계를 부수자. 공장에 불을 지르자.
매일 10시간 넘게 뼈 빠지게 일하는데
받는 돈은 쥐꼬리만큼이라니.
이 돈으로는 못 살아. 일한 만큼 임금을 줘!
기계에 손이 잘리고, 폐병에 걸려 죽기도 하는데
공장 주인은 눈 하나 깜짝 안 해.
우리는 기계가 아냐. 인간답게 일하고 싶어!

공업이 발달할수록
부자와 가난한 사람의 차이는
엄청나게 커졌어.
가난한 사람은 기계처럼 일하다가
비참하게 죽어 가고 있었지.

화난 노동자들은 기계를 부수기도 했어.
노동조합을 만들어 일한 만큼 대가를 받고
좀 더 나은 환경에서 일하기 위해 싸웠어.
그러나 정부는 자본가들 편이었어.
군대나 경찰을 보내 노동자들을 잡아갔어.

자본가들은 일하지 않고도
나날이 더 부자가 되고
노동자들은 매일 쉬지 않고 일하는데
갈수록 가난해지다니
이건 무엇인가 잘못되었어.
모두 함께 잘사는 방법은 없을까?
다 같이 일하고 일한 만큼 나눠 가지면 좋을 텐데.
함께 사는 사회를 꿈꾸는 사람들이 생겨났어.
이런 생각을 **사회주의**라고 해.

마르크스는 공장과 기계를 가진 자본가가
거기서 나온 이익을 모두 가져가기 때문에
노동자들이 힘들게 사는 거라고 생각했어.
공장과 기계, 토지 등을 사회가 공동으로 소유하고
이익도 공동으로 나눠 가지면
평등한 세상이 펼쳐질 거라고 주장했지.
마르크스는 이렇게 외쳤어.

"자본주의를 무너뜨리고 노동자들의 세상을 만들자.
전 세계의 노동자여, 단결하라!"

정부와 자본가들은 경찰과 군대를 동원해
노동 운동과 사회주의를 억눌렀지만
계속 그렇게 할 수는 없었어.
노동자들을 끌어안지 않고는
국민의 나라라고 할 수 없었으니까.

차츰 노동자들에게도 선거권을 주고
노동자 자녀들이 다닐 수 있는 학교도 만들었어.
아이들이 일하는 것을 금지하고 노동 시간도 줄였지.
공장 시설과 운영 기준을 정한 법도 만들었어.
무료 진료소를 세워 병든 노동자를 치료해 주기도 했어.
노동자들을 다독이려고 말이야.

이런 양보가 가능했던 것은
식민지에서 엄청난 이익을 얻었기 때문이야.
식민지에서 번 돈으로 자기 나라 노동자에게
인심을 쓴 셈이지.

공업이 발달하면서
더 많은 원료와 더 넓은 시장이 필요해졌어.
식민지가 중요해진 거야.
나중에는 식민지에 직접 공장을 지어
현지의 값싼 원료와 노동력을 이용해
더 많은 돈을 벌려고 했어.
그런데 식민지에서 공장을 운영하는 것은
쉬운 일이 아니었어.
기계를 돌리려면 전기도 필요했고
도로나 철도, 항구도 만들어야 했지.

공장에서 일을 시키려면
학교를 세워 교육도 시켜야 했어.
공장을 운영하는 데 걸림돌이 되는
현지의 관습이나 전통은 어리석은 일로 여겼어.
공장 운영을 방해하거나 대들면
군대를 끌고와 눌러 버렸지.

식민지를 차지하려는 강대국들의 정책을
제국주의라고 해.
제국주의 나라들은 자신들의 나쁜 짓을
좋은 일인 것처럼 포장했어.

환경에 적합한 생물이 살아남아
진화가 이루어진다는 진화론을
비틀어 이용하기도 했어.
강한 자가 약한 자를 잡아먹는 것이
자연과 사회의 법칙이라고 주장한 거야.
능력 있는 자본가가 노동자를 부리는 것도
강한 나라가 약한 나라를 지배하는 것도
당연하다는 거지.

심지어 뒤떨어진 식민지에
문명을 전하고 산업을 발전시키는 것은
선진국 백인의 의무라고 말했지.
식민지 주민들이 고통받는 건
못 본 척하면서 말이야.

유럽 나라들은 자신들의 힘을 자랑하고
더 많은 이익을 얻기 위해
식민지 경쟁을 벌였어.

가장 앞서 나간 나라는 영국이었지.
오스트레일리아와 뉴질랜드, 캐나다를
연방으로 거느리고
아프리카의 이집트부터 남아프리카까지
아시아의 아프간에서 인도, 말레이시아까지
드넓은 땅을 식민지로 삼아서
'해가 지지 않는 나라'가 되었어.
전 세계 어디에나 영국 땅이 있게 된 거야.
프랑스가 그 뒤를 따랐어.
아프리카 북부 해안의 알짜배기 땅부터
아시아의 인도차이나반도까지 식민지로 삼았지.

독일과 이탈리아, 벨기에, 러시아
그리고 미국 같은 나라들도
뒤늦게 식민지 경쟁에 뛰어들었어.
엄연히 사람이 살고 있는 아시아, 아프리카 땅을
'주인 없는 땅'이라며 서로 차지하려 들었지.

산업 혁명을 이룬 몇몇 나라가
총과 대포, 군함을 앞세워
전 세계를 식민지로 나누어 가졌어.
저항하는 원주민들을 잔인하게 짓밟으면서 말이야.

선진국 국민들 대부분은
제국주의에 찬성했어.
나라의 발전을 위해
식민지 경쟁에서 뒤처지면
안 된다고 생각했거든.

하지만 지구의 땅은
크기가 정해져 있지.
더 이상 차지할 땅이 없게 되자
다른 나라의 식민지를 노리게 되었어.

뒤늦게 식민지 경쟁에 뛰어든 독일 같은 나라가
이미 많은 식민지를 차지하고 있는
영국, 프랑스 같은 나라에 대들게 된 거야.
전쟁의 그림자가 어른거리기 시작했어.

가 보자
만나 보자!

산업 혁명의 흔적을 찾아서

맨체스터 과학 산업 박물관 전경과 내부의 방직기들

영국 맨체스터의 과학 산업 박물관

산업 혁명은 영국에서 시작됐다고 했지? 그중에서도 맨체스터는 산업 혁명이 시작된 도시라 할 수 있어. 방적 공장, 방직 공장이 곳곳에 있었고, 공장마다 면제품을 대량으로 만들어 내 '면의 도시'라는 별명까지 붙었대. 이곳에서 리버풀 항구까지 운하와 철도가 놓이면서 공업은 더욱 발전했지. 운하는 지금도 남아 있지만, 철도역은 '과학 산업 박물관'으로 바뀌었어. 산업 혁명 당시의 방적기나 방직기, 증기 기관 등을 볼 수 있지. 맨체스터는 축구팀으로도 유명해. 공장에서 일하던 노동자들이 여가로 축구를 즐기면서 축구는 영국을 대표하는 스포츠로 발전했어.

맨체스터 캐슬필드의 운하

에펠탑

프랑스 파리의 에펠탑

에펠탑은 프랑스 혁명 100주년을 기념해 1889년 파리 박람회를 열면서 세운 탑이야. 당시로서는 세계에서 가장 높은 탑일 뿐 아니라 7300여 톤의 철강으로 만든 거대한 건축물이었지. 300미터가 넘는 이 탑을 세울 수 있었던 것은 엘리베이터가 발명된 덕분이었어. 노동자와 공사 재료를 높이 빠르게 올려 보낼 수 있었거든. 하지만 당시에는 보기 싫다는 사람이 많아서 하마터면 박람회가 끝난 후 철거될 뻔했대. 라디오 방송을 위해 탑 꼭대기에 안테나를 세울 수 있다는 새로운 용도가 발견되면서 해체를 면했고, 지금은 파리를 상징하는 건축물이 되었지.

미국 뉴욕의 센트럴파크

산업 혁명으로 공업 도시가 늘어나면서 공해와 환경 오염도 심각해졌어. 공장 굴뚝에서는 매일 시커먼 연기가 뿜어져 나왔고, 공장에서 나온 더러운 물이 강을 오염시켰지. 이에 맞서 도시 환경을 보호하고 맑은 공기와 물, 나무와 숲을 지켜야 한다는 목소리도 커졌어. 1800년대 들어 빠르게 개발되고 있던 뉴욕에서도 마찬가지였지. 그래서 도시 한복판 아직 개발되지 않은 땅을 공원으로 만들자는 운동이 일어났어. '지금 이곳에 공원을 만들지 않는다면, 100년 후에는 이만한 크기의 정신병원이 필요할 거'라면서 말이야. 1857년 문을 연 센트럴파크는 지금도 인구 800만 명이 넘는 뉴욕의 허파 역할을 하면서 누구에게나 휴식을 주는 소중한 공간으로 뉴욕 시민들의 사랑을 받고 있지.

센트럴파크 전경

센트럴파크에서 쉬는 사람들

부모님 가이드

산업 혁명이 바꾼 것들에 대해 알아봐요

분업의 장점과 단점에 대해 이야기해 봐요

산업 혁명을 이끈 생산력 발전의 비결은 바로 기계화였습니다. 하지만 기계화 말고도 생산성을 높인 또 하나의 비결이 바로 분업입니다. '보이지 않는 손'으로 유명한 애덤 스미스는 분업이야말로 부의 원천이라고 주장했어요. 분업은 엄청난 생산성 향상을 가져왔지만, 노동자들은 한 가지 일만 반복해야 하는 문제도 생겼답니다. 지루한 노동을 계속해야 하고 고질병이 생기기도 했어요.

산업 혁명으로 달라진 것들을 함께 찾아보세요

산업 혁명은 사회 전반을 크게 변화시켰습니다. 백화점에 진열된 다양한 물건들, 옷장에 가득한 옷들, 매일 일하러 직장에 나가는 엄마 아빠의 모습은 모두 산업 혁명이 가져온 변화 중 일부입니다. 공장이 몰려 있는 공업 도시나 그런 도시를 연결하는 철도, 항구마다 가득한 화물선 같은 것도 산업 혁명의 결과물이죠. 자동차나 전화의 발명도, 발전기나 전구의 발명도 모두 산업 혁명과 관계가 있습니다. 우리 주변에서 산업 혁명과 연관된 물건이나 풍경을 찾아보세요.

산업 혁명의 빛과 그늘에 대해 이야기해 봐요

산업 혁명은 풍요를 가져왔지만, 그 풍요를 누릴 수 없던 사람도 많았습니다. 하루 14~16시간씩 일해야 했던 노동자들에게 산업 혁명은 끔찍한 일이었죠. 언제 어떻게 일할지 스스로 정하던 농민과 다르게 노동자들은 규칙과 지시에 따라야 했으니 더 힘들었을 겁니다. 어린아이들까지 장시간 노동에 시달렸고, 일하다 죽거나 다치는 일도 많았으니 얼마나 비참했을까요? 오늘날에는 이런 문제가 모두 해결되었을까요? 같이 생각해 보면 좋겠습니다.

글 박선희

연세대학교 사학과를 졸업하고, 중학교 남자아이들에게 둘러싸여 복닥대며 살고 있습니다. 아이들이 세계의 역사를 배우면서 이 넓은 세상에 호기심을 가지면 좋겠습니다. 나와 다른 방식으로 살고 있는 사람들을 이해하고, 그들과 어울려 평화롭게 살아가기를 바랍니다. 함께 쓴 책으로 《제대로 한국사》, 《개념 잡는 초등 세계사 사전》이 있습니다.

글 이성호

연세대학교 사학과를 졸업하고, 꽤 오랫동안 중학교에서 역사를 가르치고 있습니다. 삶이 단순하지 않은 만큼 역사도 쉽지 않은 것이 당연하지만, 그래서 더 재미가 있다고 생각합니다. 그 재미를 어린이들과 나누는 일에 관심이 많습니다. 전국역사교사모임 회장을 지냈으며, 함께 쓴 책으로 《한 컷 세계사》, 《살아있는 세계사 교과서》, 《나의 첫 세계사 여행》, 《초등학생을 위한 맨처음 세계사》 등이 있습니다.

그림 송효정

어린 시절의 일상과 순간, 알 수 없는 감정에 관심이 많습니다. 이상하고 재미있고 아름다운 그림으로 어른과 어린이를 모두 응원하고 싶습니다. 그린 책으로 《백제 최후의 날》, 《요괴 수호자》, 《귀신도 반한 숲속 라면 가게》 시리즈, 《기량 탐정 사무소》 시리즈, 《소능력자들》 시리즈 등이 있습니다.

알록달록 첫 세계사 13 **세상을 바꾼 기술의 발전 산업 혁명**

1판 1쇄 펴낸날 2026년 1월 12일
글 박선희 · 이성호 | **그림** 송효정 | **펴낸이** 김상원 | **편집인** 정미영 | **디자인** 신혜영 · 소년
펴낸곳 상상정원 | **출판등록** 제2020-000141호 | **주소** (05691) 서울시 송파구 삼학사로 6길 33, 1층
전화 070-7793-0687 | **팩스** 02-422-0687 | **전자우편** ss-garden@naver.com
사진 출처 셔터스톡

ISBN 979-11-92554-13-6 74900
ISBN 979-11-974703-4-9 (세트)